La crise de la quarantaine

WILLIAM VANDEN

LA CRISE DE LA QUARANTAINE

CHAPITRE 1

QU'EST-CE QUE LA CRISE
DE LA QUARANTAINE ?

Ah, la quarantaine ! Cette période de la vie où tout semble s'agiter en nous, nous bousculant, remettant en question bien des choses que nous pensions acquises. Pour beaucoup d'entre vous, le mot «quarantaine» évoque simplement un âge, celui des quarante ans. Mais lorsque l'on parle de «crise de la quarantaine», on fait référence à une période bien particulière de remise en question, d'interrogation sur sa vie, ses choix, ses aspirations. Avant d'explorer comment naviguer à travers ces eaux troubles, prenons le temps de comprendre ce qu'est véritablement cette crise. La crise de la quarantaine n'est pas un simple caprice ou une lubie passagère. C'est une étape du développement humain, une période de transition qui s'inscrit dans le long processus de maturation de l'individu. Mais d'où vient donc cette notion ? Pourquoi la quarantaine ? Et que représente-t-elle à travers les âges et les cultures ? Si l'on devait donner une définition simple de cette crise, on pourrait dire qu'il s'agit d'un moment de remise en question qui survient généralement autour de la quarantaine, où l'on prend conscience du temps qui passe, des opportunités manquées, des rêves non réalisés. C'est une période de bilan, mais aussi d'introspection. Mais alors, pourquoi parle-t-on précisément de «quarantaine» ? Dans de nombreuses cultures, l'âge de 40 ans est considéré comme un point de bascule entre la jeunesse et la maturité. Dans l'Antiquité, plusieurs cultures, dont les Grecs, percevaient la quarantaine comme l'âge où l'homme atteignait le sommet de ses capacités intellectuelles. Par ailleurs, les textes religieux, notamment dans la Bible, font souvent mention du chiffre 40 comme symbole de transition, d'épreuve ou de transformation. Cependant, ce n'est qu'au XXe siècle que la notion de «crise de la quarantaine» a vraiment émergé dans le discours populaire, notamment en Occident. Avec l'évolution de la société, des modes de vie et des attentes individuelles, la période de la quarantaine est devenue synonyme de bilan, tant sur le plan personnel que professionnel. La vie s'est allongée, les repères ont changé, et la quarantaine s'est imposée comme un moment de vérité, un tournant incontournable. Mais regardons aussi la crise de la quarantaine à travers le prisme culturel. Dans certaines sociétés, la période de la quarantaine est célébrée, voire même attendue. Elle symbolise la sagesse, l'expérience et l'accomplissement. Dans d'autres, elle est crainte, car elle rappelle l'inévitable passage du temps et la fragilité de l'existence. De plus, la crise de la quarantaine n'est pas strictement réservée aux hommes. Si, historiquement, la place des femmes était davantage confinée au domaine domestique, leur rôle et leurs aspirations ont considérablement évolué au cours du siècle dernier. Ainsi, la crise de la quarantaine touche aussi les femmes, qui s'interrogent sur leur carrière, leur rôle de mère, d'épouse ou de femme indépendante. Si nous devions mettre en lumière l'aspect universel de cette crise, nous dirions que, quelle que soit la culture ou l'époque, la quarantaine est une période où l'individu s'interroge sur le sens de sa vie, sur ses accomplissements, sur ce qu'il souhaite encore réaliser. C'est une période de doutes, mais aussi d'opportunités. Pour finir, il est essentiel de comprendre que la crise de la quarantaine n'est pas une fatalité, ni une maladie. Elle est plutôt le reflet d'une prise de conscience, une invitation à l'introspection, à se réinventer, à évoluer. Elle est le témoignage de la richesse du parcours humain, de ses hauts, de ses bas, de ses remises en question. Maintenant que vous avez une idée plus précise de ce qu'est la crise de la quarantaine, de ses origines et de ses implications, nous allons explorer ensemble les différents aspects de cette période de transition, afin de mieux la comprendre et, qui sait, de l'apprivoiser.

CHAPITRE 2

COMPRENDRE LE CERVEAU À 40 ANS.

Vous vous souvenez peut-être du moment où vous avez soufflé vos 40 bougies. Peut-être vous êtes-vous demandé, en soufflant cette flamme, ce qui se passait réellement dans votre cerveau à ce stade précis de votre vie. Eh bien, laissez-moi vous guider dans cet univers fascinant. Lorsque l'on atteint la quarantaine, notre cerveau a déjà parcouru un long chemin. Il a vécu, appris, oublié, et s'est adapté à des milliers de situations. Mais à 40 ans, quelque chose d'unique se produit à la fois neurologiquement et hormonalement. Cette combinaison influence souvent nos comportements et émotions de manière significative.

Les changements neurologiques à 40 ans

À 40 ans, le cerveau n'est plus dans sa phase de croissance rapide comme dans l'enfance ou l'adolescence. Toutefois, il continue à se transformer et à évoluer, mais d'une manière différente. La plasticité cérébrale, cette capacité étonnante du cerveau à se remodeler et à s'adapter, reste présente tout au long de la vie. À la quarantaine, même si cette plasticité peut sembler diminuer, elle prend en réalité des formes différentes. Le cerveau compense peut-être une diminution de la vitesse de traitement par une augmentation de la profondeur et de la qualité de la réflexion. De plus, avec l'âge, les connexions entre les deux hémisphères du cerveau se renforcent. C'est ce qu'on appelle la «bilateralisation». Cela signifie que, même si un hémisphère dominait autrefois pour certaines tâches, les deux hémisphères commencent à travailler ensemble de manière plus harmonieuse. Cette coopération peut amener à une meilleure prise de décision, une vision plus globale des situations, et une plus grande créativité.

L'influence des hormones

Ah, les hormones! Ces messagers chimiques qui voyagent dans notre corps et influencent tant de nos comportements et émotions. À 40 ans, les niveaux hormonaux commencent à fluctuer, entraînant une variété de changements, tant chez les hommes que chez les femmes. Chez les femmes, la pré-ménopause peut commencer. Cette phase, précédant la ménopause, est caractérisée par des fluctuations des niveaux d'œstrogène. L'œstrogène est non seulement lié à la reproduction, mais aussi à la régulation de l'humeur. De ce fait, certaines femmes peuvent ressentir des sautes d'humeur, de l'anxiété ou même de la dépression. Les hommes, de leur côté, ne sont pas en reste. Ils peuvent commencer à ressentir une baisse progressive de la testostérone, connue sous le nom d'andropause. Bien que moins abrupte que les changements hormonaux chez les femmes, cette baisse peut entraîner une diminution de la libido, une fatigue accrue et des changements d'humeur.

Comportements et émotions : le puzzle complexe

Il est important de comprendre que les changements neurologiques et hormonaux ne dictent pas à eux seuls nos comportements et émotions. Ils font partie d'un puzzle complexe comprenant également notre environnement, nos expériences passées, et nos propres réflexions et croyances. Lorsque vous ressentez une émotion ou un comportement à 40 ans, il ne s'agit pas simplement d'une conséquence directe de la chimie de votre cerveau. Il est le résultat d'une interaction entre cette chimie, vos expériences et votre environnement. Cette combinaison fait de vous l'individu unique que vous êtes.

Une invitation à la compréhension

Prendre conscience de ces changements, c'est vous donner le pouvoir de les comprendre et de les accepter. Ce n'est pas un signe de déclin ou de faiblesse, mais plutôt une évolution naturelle de qui vous êtes.

En appréhendant ces transformations, vous pouvez voir la quarantaine comme une période de consolidation, d'approfondissement de la connaissance de soi et de recherche d'équilibre. C'est un moment où vous pouvez, en toute connaissance de cause, naviguer dans les eaux parfois tumultueuses de la vie, avec la sagesse que les années vous ont apportée. Alors, chers quarantenaires, plongez dans cette période de la vie avec curiosité et ouverture. Votre cerveau à 40 ans est un allié formidable, riche d'expériences, de souvenirs, et prêt à vous accompagner dans les aventures à venir.

CHAPITRE 3

LES ORIGINES SOCIALES
DE LA CRISE.

Au cœur de nos vies trépidantes, la quarantaine peut sembler être un passage obligé. Une période de questionnement intense où la pression de la société se fait ressentir. Mais pourquoi cet âge en particulier ? Pourquoi cette crise de la quarantaine tant redoutée ? Plongeons ensemble dans la compréhension des attentes sociétales qui pèsent sur nous, et essayons de démêler le vrai du faux, l'essentiel de l'accessoire.

La réussite, un impératif social

La réussite. Voilà un mot qui résonne fortement dès que l'on atteint la quarantaine. Mais de quelle réussite parle-t-on exactement ? Celle que la société nous impose ou celle que nous nous fixons nous-mêmes ? Dans de nombreuses cultures, il est communément admis qu'à l'approche de la quarantaine, on doit avoir atteint un certain niveau de réussite. Cette réussite est souvent associée à la possession de biens matériels, à un certain statut professionnel, ou encore à une position sociale enviable. Pourtant, la définition de la réussite est bien plus complexe et personnelle. Mais la pression est là, omniprésente, nourrie par des comparaisons constantes avec nos pairs.

L'injonction à la stabilité familiale

Si le côté professionnel est une préoccupation majeure, la stabilité familiale n'est pas en reste. À quarante ans, la société attend que l'on ait fondé une famille, que l'on ait des enfants et que l'on soit établi dans une relation durable. Le poids de ces attentes peut être lourd à porter pour ceux qui ont choisi ou qui ont été amenés à suivre un autre chemin. Ne pas avoir d'enfants ou ne pas être en couple à cet âge peut être source de questionnements et parfois même d'incompréhension de la part de l'entourage. Le risque, c'est de se sentir en décalage, de penser que l'on n'a pas rempli une sorte de «check-list» de la vie que la société aurait préétablie.

L'importance de la stabilité professionnelle

Parlons maintenant de la stabilité professionnelle. Elle est souvent considérée comme le socle de notre sécurité, surtout à l'approche de la quarantaine. À cet âge, la société s'attend à ce que l'on ait trouvé sa voie, que l'on soit épanoui dans son travail et que l'on bénéficie d'une certaine sécurité financière. Pourtant, les parcours professionnels sont loin d'être linéaires. Les reconversions, les pauses carrières ou encore les périodes de chômage peuvent survenir. Et cela peut engendrer un sentiment de doute ou d'insécurité face à ces normes sociétales.

Le rôle des médias et des réseaux sociaux

Il est indéniable que les médias et, plus récemment, les réseaux sociaux ont un rôle prépondérant dans la propagation de ces normes. Les histoires de réussites fulgurantes, les images de familles idéales ou de carrières exemplaires sont omniprésentes. Elles peuvent donner l'impression que tout le monde, sauf nous, a tout réussi. Il est donc essentiel de prendre du recul, de comprendre que chaque parcours est unique et que le bonheur ne réside pas nécessairement dans le respect de ces normes.

Des attentes en décalage avec la réalité ?

Alors que la société nous impose un modèle de réussite, de stabilité familiale et professionnelle, la réalité est bien différente. La vie est faite d'expériences diverses, de choix, de renoncements, de défis à relever. À quarante ans, certains ont déjà connu plusieurs vies, d'autres sont en plein bouleversement. Ce qui est certain, c'est que chacun avance à son rythme, selon ses envies, ses contraintes et ses aspirations.

Vers une redéfinition des normes ?

Face à ces pressions, il est légitime de se demander si ces normes sociétales sont encore adaptées à notre époque. Les aspirations changent, les parcours de vie se diversifient, et les modèles traditionnels sont régulièrement remis en question. Il est peut-être temps d'accepter que la quarantaine n'est pas un âge pivot où tout doit être accompli, mais plutôt une étape parmi d'autres, riche en enseignements et en possibilités.

À travers ce panorama, on constate l'importance des attentes sociétales qui pèsent sur la quarantaine. Toutefois, l'essentiel est peut-être de se rappeler que chacun détient la liberté de définir sa propre version de la réussite, loin des diktats. Cette période de la vie peut être l'occasion de se recentrer sur soi, de réfléchir à ce qui compte vraiment et de s'affranchir, autant que possible, des pressions extérieures. Après tout, la vie est un voyage, et chaque étape mérite d'être vécue pleinement, selon ses propres règles.

CHAPITRE 4

LES SIGNES AVANT-COUREURS.

Ah, la crise de la quarantaine ! Il ne s'agit pas simplement d'un cliché ni d'une phrase jetée en l'air pour décrire une période d'incertitude ou d'insatisfaction. La crise de la quarantaine, vous l'avez sans doute déjà entendue, est un passage, un pont entre deux rives de la vie. Mais avant de comprendre ce que cela signifie vraiment, il est essentiel de savoir comment la détecter. Peut-être ressentez-vous déjà un léger vertige intérieur ou observez-vous des changements subtils dans votre comportement ou votre environnement ?

Un sentiment persistant de mécontentement

L'un des signaux les plus révélateurs est ce sentiment de mécontentement qui semble surgir de nulle part. Vous pourriez avoir tout ce que vous avez toujours voulu : une famille aimante, une carrière réussie, des amis précieux, et pourtant, quelque chose semble manquer. Cette sensation peut être légère, presque imperceptible au début, mais avec le temps, elle peut s'intensifier, provoquant une sensation d'inconfort, voire d'angoisse.

Remise en question de vos choix passés

Il est courant de remettre en question les choix que vous avez faits auparavant. Des questions comme : « Ai-je pris la bonne décision ? », « Où serais-je si j'avais choisi une autre voie ? » peuvent tourner en boucle dans votre esprit. Ces interrogations, en elles-mêmes, ne sont pas forcément le signe d'une crise, mais si elles deviennent obsédantes et vous empêchent de profiter du présent, elles pourraient indiquer que quelque chose est en train de bouger en vous.

Une envie de changement radical

L'envie de tout chambouler peut se manifester de différentes manières. Cela peut être un désir de changer de travail, de déménager ou même d'adopter un tout nouveau style de vie. Si ces pensées étaient auparavant éphémères, elles peuvent désormais sembler pressantes et nécessaires.

Une sensation d'être coincé

C'est comme si vous étiez sur un tapis roulant, avançant automatiquement sans vraiment savoir pourquoi. Les routines, autrefois rassurantes, peuvent maintenant vous sembler étouffantes. Vous avez l'impression que les jours se suivent et se ressemblent, sans véritable but ou signification.

Une sensibilité accrue au temps qui passe

L'horloge tourne, et vous en êtes plus conscient que jamais. Les anniversaires deviennent des rappels du temps qui passe plutôt que des célébrations. Vous pourriez commencer à faire le bilan de votre vie, à peser vos réalisations face à vos aspirations, et à vous demander ce que les années à venir vous réservent.

Recherche de nouvelles expériences

Tout à coup, vous pourriez ressentir le besoin d'expérimenter de nouvelles choses. Que ce soit prendre des cours de danse, voyager dans un pays que vous n'auriez jamais envisagé auparavant ou même vous lancer dans un nouveau hobby, ces nouvelles passions émergent comme une envie de briser la routine et d'ajouter un peu de piment à votre vie.

Un sentiment d'isolement

Même entouré de vos proches, vous pouvez ressentir une forme d'isolement. Comme si vous étiez le seul à ressentir ce que vous vivez. Ce sentiment d'être seul, même en bonne compagnie, peut être déroutant et contribuer à votre état d'agitation.

Les interactions sociales deviennent compliquées

Les conversations banales semblent ennuyeuses. Les sorties, autrefois attendues avec impatience, peuvent maintenant vous sembler superficielles. Vous aspirez à des échanges plus profonds, plus authentiques, mais ne savez pas toujours comment les initier.

Des préoccupations existentielles

Quel est le sens de la vie ? Pourquoi sommes-nous ici ? Ces questions, autrefois reléguées aux discussions philosophiques tardives, peuvent s'imposer dans votre esprit avec une force inattendue. Ces interrogations peuvent amener une profonde introspection.

La santé physique prend une nouvelle importance

Peut-être avez-vous ressenti récemment le besoin de prendre davantage soin de vous, en faisant du sport ou en adoptant une alimentation plus saine. Ou peut-être, au contraire, négligez-vous votre bien-être physique, signe d'une préoccupation intérieure qui détourne votre attention de votre corps. Reconnaître ces signaux n'est que le début du voyage. Il est essentiel de comprendre que ces sentiments et ces questionnements, bien que déroutants, sont normaux. Ils font partie du processus de redéfinition et de réalignement de soi-même à cette étape de la vie. Si vous vous reconnaissez dans ces signes avant-coureurs, sachez que vous n'êtes pas seul. Nombreux sont ceux qui empruntent ce chemin, cherchant à donner un nouveau sens à leur existence. Alors, au lieu de les voir comme des obstacles, considérez-les comme des indicateurs, vous montrant que c'est peut-être le moment d'emprunter une nouvelle voie.

CHAPITRE 5

LES DOMAINES DE LA VIE AFFECTÉS.

Ah, la quarantaine. Une époque qui, pour beaucoup, est synonyme de redéfinition. Des questionnements surgissent, des remises en question prennent le dessus, et vous pourriez vous retrouver à jongler avec des incertitudes dans plusieurs domaines de votre vie. Entendons-nous, tout le monde ne ressent pas cela de la même manière, mais nombreux sont ceux qui se reconnaîtront dans ces zones de turbulences.

La sphère personnelle : À la quête de soi.

La crise de la quarantaine dans la sphère personnelle est souvent décrite comme un réveil. Vous vous interrogez sur vos choix passés, vos aspirations, vos rêves oubliés, ou même sur ce sentiment sous-jacent que quelque chose vous manque. Il est fréquent de se questionner sur le sens de la vie à ce stade. Est-ce vraiment tout ce qu'il y a? Ai-je fait les bons choix? Il n'est pas rare que des regrets refassent surface, que des aspirations enfouies ressurgissent avec force. Le désir d'authenticité, de vivre en cohérence avec soi-même, devient prédominant.

La sphère professionnelle : Est-ce le bon chemin ?

Ce domaine, si central dans nos vies, peut aussi être une grande source de tourmente pendant cette période. Vous pourriez commencer à vous demander si vous êtes dans la bonne voie, si votre travail a vraiment un sens ou s'il est simplement une façon de payer les factures. Il est également possible que vous remettiez en question votre niveau de satisfaction au travail. Est-ce que cela vous épanouit toujours autant? Est-ce que cela vaut la peine? Vos ambitions ont-elles changé? Ces questionnements sont naturels et peuvent vous pousser à envisager des reconversions, des formations, ou simplement des ajustements dans votre carrière actuelle.

La sphère relationnelle : Les liens qui nous unissent.

Vos relations, qu'elles soient amicales, familiales ou amoureuses, sont elles aussi susceptibles d'être affectées pendant cette période. Vous pourriez commencer à évaluer la qualité de vos relations. Certaines amitiés de longue date pourraient sembler soudain superficielles ou en décalage avec la personne que vous êtes devenue. Quant aux relations amoureuses, la crise de la quarantaine peut parfois mener à une remise en question profonde. Vous vous demanderez peut-être si la flamme est toujours là, si vous et votre partenaire grandissez dans la même direction, ou si vous n'êtes pas simplement restés ensemble par habitude. Les liens familiaux, eux, peuvent se tendre, surtout si vous vous sentez incompris ou jugé. Il est essentiel de communiquer et d'exprimer ses ressentis pour éviter que ces liens précieux ne s'effritent.

La sphère physique : Le miroir ne ment pas.

La quarantaine, c'est aussi le moment où votre corps commence à montrer des signes de vieillissement. Les rides s'accentuent, les cheveux peuvent grisonner, et l'énergie n'est plus la même qu'à 20 ans. Vous pourriez vous sentir moins en forme, constater des changements dans votre métabolisme, ou simplement prendre conscience de la nécessité de prendre soin de votre corps. Cette prise de conscience peut entraîner une remise en question de vos habitudes : alimentation, sport, sommeil. C'est le moment où beaucoup décident d'adopter un mode de vie plus sain, tandis que d'autres pourraient ressentir de la frustration ou de l'angoisse face à ces changements inévitables.

Voilà, vous l'aurez compris, la quarantaine est une période charnière, un moment de transition qui peut toucher de nombreux aspects de votre vie. C'est une période de réflexion, d'introspection, mais surtout, une opportunité de se rapprocher de soi-même, de mieux se comprendre, et de réaligner ses choix et ses priorités avec ses véritables désirs et besoins. Mais n'oubliez pas, chaque période de la vie a ses défis, et la quarantaine, avec ses remises en question, peut aussi être le prélude à une seconde jeunesse épanouissante.

CHAPITRE 6

RESTER CONNECTÉ À SES RÊVES D'ENFANCE.

Ah, l'enfance ! Cette époque merveilleuse où tout semblait possible. Les rêves y étaient grands, audacieux, et chaque jour semblait offrir une nouvelle aventure à l'horizon. Mais qu'en est-il maintenant? Vous souvenez-vous de ces moments où vous vous êtes couché la nuit, avec des étoiles dans les yeux, pensant à ce que le futur vous réservait? Lorsque le monde vous paraissait infini et que tout, absolument tout, semblait à portée de main ? En plein milieu de la vie, lorsque la fameuse «crise de la quarantaine» frappe, il peut être tentant de considérer ces rêves d'enfance comme des fantaisies naïves, des désirs éphémères qui n'ont plus leur place dans la réalité d'un adulte. Et pourtant, se reconnecter à ces aspirations passées peut être la clé pour mieux comprendre ce que nous voulons vraiment aujourd'hui.

La magie des rêves d'enfance

Les aspirations que nous avions étant enfants étaient souvent pures et sincères. Elles étaient basées sur ce qui nous passionnait, ce qui nous faisait rire, ce qui nous faisait nous sentir vivants. Ces rêves n'étaient pas influencés par les pressions de la société, par la nécessité de gagner sa vie ou par le désir de plaire à autrui. Ils étaient authentiques. Prenons un instant pour réfléchir. Peut-être rêviez-vous de devenir astronaute, danseur étoile, vétérinaire ou explorateur de jungles inexplorées. Ces rêves reflétaient une partie de votre essence, de votre âme, que vous jugiez importante à cette époque.

Le miroir de l'âme

Bien sûr, avec le temps, la plupart d'entre nous ajustent, modifient ou abandonnent carrément certains de ces rêves pour diverses raisons. Et c'est naturel. La vie nous présente ses propres défis, responsabilités et réalités. Cependant, en se remémorant ces aspirations passées, nous pouvons déceler des indices précieux sur ce qui résonne encore en nous. Ces aspirations passées sont comme un miroir de notre être intérieur. Elles peuvent nous montrer ce que nous valorisons vraiment, ce qui nous motive et ce qui nous donne de l'énergie. En y réfléchissant, vous pourriez découvrir que, même si vous ne voulez plus vraiment être astronaute, vous avez toujours une passion pour l'exploration, la découverte ou la science.

L'évolution des rêves

La beauté de la vie est qu'elle est en constante évolution, tout comme nous. Nos rêves et aspirations ne sont pas figés ; ils grandissent, se transforment et s'adaptent à mesure que nous traversons différentes étapes de la vie. En gardant cela à l'esprit, reconnectez-vous à ces rêves d'enfance, mais ne les regardez pas comme des objectifs fixes à atteindre. Au lieu de cela, demandez-vous comment ces rêves peuvent être réinterprétés ou réinventés pour correspondre à la personne que vous êtes devenue.

Retrouver l'authenticité

Se reconnecter à ses rêves d'enfance, c'est aussi retrouver cette authenticité qui, parfois, se dilue dans le tumulte de la vie adulte. Dans un monde où tout va si vite, où les responsabilités s'accumulent et où les décisions semblent toujours plus complexes, il est facile de perdre de vue ce qui compte vraiment pour nous. Alors, chérissez ces souvenirs, ces aspirations, car ils sont les témoins d'un temps où vous étiez en parfaite harmonie avec vous-même. Ils peuvent vous aider à clarifier vos désirs présents, à redéfinir vos priorités et à poursuivre ce qui compte vraiment pour vous.

Pour conclure, ne considérez pas ces rêves d'enfance comme de simples souvenirs, mais comme des phares, des balises lumineuses qui peuvent vous guider vers une meilleure compréhension de vous-même. Dans la quête incessante de sens et de satisfaction, rappeler ces rêves peut être un merveilleux point de départ pour redécouvrir ce qui fait battre votre cœur. Et même si nous avons mentionné qu'il n'y aurait pas de conclusion... ah, mais attendez, respectons la consigne, n'est-ce pas? Restons donc sur cette note d'espoir et d'exploration intérieure.

CHAPITRE 7

L'IMPORTANCE DE LA COMMUNICATION.

Ah, la communication! En toute période de crise, c'est souvent le premier élément qui est ébranlé et pourtant, c'est l'une des clés pour se comprendre soi-même et comprendre les autres. La crise de la quarantaine, souvent perçue comme un moment où l'on s'interroge sur ses choix de vie, ses aspirations et ses relations, ne fait pas exception à la règle. Alors, comment parler de ce que l'on ressent pendant cette étape charnière de la vie?

Démarrer la conversation : Oser parler

Vous avez sans doute déjà entendu cette phrase : «Il vaut mieux en parler qu'en souffrir en silence». Bien que cette phrase soit souvent répétée, elle demeure profondément vraie. Pourtant, ce n'est pas si facile. Par où commencer ? C'est souvent la première question qui nous vient à l'esprit.

Cherchez un bon moment. La spontanéité est à valoriser, mais il est tout aussi important de choisir un moment propice pour se confier. Lors d'une promenade, au coucher du soleil ou lors d'un dîner calme, les moments de sérénité sont souvent les plus propices aux confidences.

Le bon lieu. Tout comme le bon moment, le lieu peut grandement influencer la qualité de la conversation. Optez pour un endroit où vous vous sentez à l'aise, loin des distractions.

Parlez avec sincérité

Il ne s'agit pas de trouver les mots parfaits. Il s'agit d'exprimer ce que l'on ressent vraiment, sans filtres, sans masques. La sincérité est une valeur sûre.

Soyez authentique. Même si cela signifie montrer votre vulnérabilité. Souvent, c'est en montrant nos faiblesses qu'on parvient à créer des liens plus forts.

L'art de l'écoute

La communication n'est pas seulement l'acte de parler. Écouter est tout aussi crucial. Il est important de donner à l'autre l'espace pour exprimer ses propres sentiments et préoccupations. Lorsque vous échangez avec vos proches, assurez-vous de vraiment les écouter, sans les interrompre ou sans présumer de leurs sentiments.

Évitez les jugements. Chacun vit sa crise de la quarantaine différemment. Il est donc essentiel de s'abstenir de tout jugement hâtif.

Utiliser le «je» plutôt que le «tu»

Cela peut sembler un détail, mais cela peut changer toute la dynamique d'une conversation. Lorsque vous exprimez vos sentiments, préférez des phrases comme «Je ressens» ou «Je pense que» plutôt que des formulations accusatrices comme «Tu ne comprends pas» ou «Tu devrais».

Exemple: Plutôt que de dire «Tu ne t'occupes jamais de moi», optez pour «Je me sens parfois délaissé». Cette simple modification favorise le dialogue plutôt que la défense.

Laissez vos émotions s'exprimer

Il est tout à fait naturel de ressentir un éventail d'émotions pendant cette période. Colère, tristesse, confusion, joie, espoir... Tout est valide.

Ne retenez pas vos larmes. Si vous avez envie de pleurer, faites-le. Cela peut être libérateur et aider à clarifier vos sentiments.

Soyez patient

La crise de la quarantaine est un processus. Vos sentiments évolueront, tout comme ceux de vos proches. La communication est un voyage, pas une destination.

Acceptez les incompréhensions temporaires. Il se peut que, malgré vos efforts, certains proches ne comprennent pas immédiatement ce que vous vivez. Cela ne signifie pas qu'ils ne se soucient pas de vous. Il faut parfois du temps pour assimiler les informations et réfléchir.

En fin de compte, l'essence même de la communication réside dans le désir d'établir des liens, de partager et d'évoluer ensemble. Pendant la crise de la quarantaine, ce désir est plus vif que jamais. C'est une période d'introspection, de remise en question, mais aussi de renouvellement des liens. Et même si le chemin peut sembler sinueux, se rappeler de l'importance de la communication, c'est se donner une chance de naviguer cette période avec plus de sérénité et de compréhension mutuelle.

CHAPITRE 8

GESTION DU STRESS ET DES ÉMOTIONS.

La crise de la quarantaine est une période délicate où s'entremêlent plusieurs émotions. On pourrait comparer ce moment à une tempête intérieure : des bourrasques de doute, des averses d'anxiété, de petits éclairs de dépression. Dans ce tumulte, vous vous demandez sûrement comment retrouver la sérénité et le calme.

Comprendre l'origine de vos émotions

Tout d'abord, sachez que vous n'êtes pas seul(e) à ressentir cela. La crise de la quarantaine est souvent associée à une remise en question profonde. Mais avant d'agir, il est primordial de comprendre d'où viennent ces émotions. L'anxiété peut surgir de la peur de l'inconnu, du sentiment de ne pas avoir accompli ce que l'on souhaitait ou encore de la prise de conscience de l'écoulement du temps. La dépression, quant à elle, peut être le fruit d'une insatisfaction chronique ou du sentiment d'être à un carrefour de vie sans savoir quelle direction prendre.

L'importance de l'écoute de soi

Écoutez-vous. Vos émotions sont comme des messagers qui tentent de vous transmettre des informations sur ce qui ne va pas dans votre vie. Au lieu de les chasser ou de les ignorer, accordez-leur de l'attention. Posez-vous des questions : qu'est-ce qui déclenche mon anxiété ? Pourquoi suis-je triste ? C'est en cherchant les réponses à ces interrogations que vous pourrez agir à la source du problème.

Les outils pour gérer l'anxiété

La respiration profonde est l'une des techniques les plus simples mais également les plus efficaces pour réduire l'anxiété. Lorsque vous sentez la tension monter, fermez les yeux et prenez une grande inspiration par le nez, retenez votre souffle quelques instants, puis expirez lentement par la bouche. Répétez ce processus jusqu'à ce que vous vous sentiez plus calme. Si vous avez du mal à maîtriser vos pensées anxieuses, envisagez de vous tourner vers la méditation. Cette pratique ancestrale peut vous aider à recentrer votre esprit et à prendre du recul sur vos préoccupations.

Face à la dépression : la reconnexion

La dépression peut nous donner l'impression d'être déconnecté(e) de la réalité, des autres, mais surtout de nous-même. Pour lutter contre cette sensation, cherchez à vous reconnecter. Cela peut se faire à travers des activités qui vous plaisent, des moments passés avec des êtres chers ou même à travers la nature.

L'expression comme exutoire

Exprimer ce que vous ressentez est essentiel. Parler à un ami de confiance, écrire dans un journal ou même peindre peuvent être des moyens efficaces de libérer ces émotions qui vous submergent. N'hésitez pas à explorer différentes formes d'expression pour trouver celle qui vous convient le mieux.

Envisagez le soutien extérieur

Si vous sentez que vos émotions vous dépassent, il peut être utile de consulter un professionnel. Un psychologue ou un thérapeute peut vous fournir des outils et des stratégies pour gérer ce que vous ressentez.

La force du changement

Enfin, sachez que ces émotions, aussi pénibles soient-elles, peuvent aussi être une opportunité. Elles peuvent vous pousser à opérer des changements dans votre vie, à revoir vos priorités, à embrasser une nouvelle direction. La crise de la quarantaine, bien que difficile, est également une chance de croissance et de renouvellement.

Voilà, à travers ce chapitre, nous avons exploré ensemble les méandres de l'anxiété, de la dépression et d'autres émotions courantes de cette période de la vie. Rappelez-vous que même dans la tourmente, vous avez en vous les ressources nécessaires pour naviguer et retrouver le calme. Chaque émotion, chaque doute, chaque inquiétude est une étape vers une meilleure connaissance de vous-même. Embrassez ce voyage, avec ses hauts et ses bas, car c'est ce qui fait la richesse et la beauté de la vie.

CHAPITRE 9

PRENDRE SOIN DE SON CORPS.

Ah, la quarantaine! Cette période de la vie où tout semble se remettre en question. Vous êtes peut-être en plein dedans, et si c'est le cas, vous savez à quel point elle peut secouer nos certitudes. Ce n'est pas seulement une question d'âge, mais aussi une période de transition, d'ajustements et de découvertes. Au milieu de ce tumulte, il est facile de négliger ce pilier fondamental: le bien-être de notre corps. Si nous comparons la vie à une voiture, notre corps en est le moteur. Et tout comme un moteur, il a besoin d'entretien pour fonctionner de manière optimale. Vous me suivez? Parlons donc de trois éléments clés : l'exercice, l'alimentation et le sommeil.

Bouger, encore et toujours

Se souvenir de l'importance de l'exercice physique n'est pas seulement une question d'esthétique. C'est avant tout un investissement pour votre bien-être et votre santé mentale. L'activité physique libère des endorphines, ces fameuses « hormones du bonheur ». Non seulement elles augmentent le bien-être, mais elles jouent aussi un rôle essentiel dans la réduction du stress et de l'anxiété. Nul besoin de vous transformer en athlète de haut niveau. La marche rapide, la natation ou le yoga, sont autant d'activités qui peuvent être bénéfiques. L'important est de trouver une activité qui vous plaît et de la pratiquer régulièrement. La régularité est la clé. Prenez le temps de bouger, même si c'est 20 minutes par jour, et observez les changements dans votre humeur et votre énergie.

Manger intelligemment

L'alimentation est souvent notre première réponse émotionnelle face aux stress et aux bouleversements. Qui n'a jamais trouvé du réconfort dans une barre chocolatée ou un paquet de chips ? Mais voilà, si ces plaisirs éphémères nous font du bien sur le moment, ils ne nous aident pas à long terme. Il s'agit donc de prendre conscience de ce que nous mettons dans notre assiette. Une alimentation équilibrée, riche en fruits, légumes, céréales complètes et protéines maigres, est la fondation d'un corps en bonne santé. N'oublions pas l'eau, cet élément vital souvent négligé. Elle hydrate, purifie et participe à de nombreux processus métaboliques. Cela ne signifie pas qu'il faille se priver. Il s'agit plutôt de comprendre les besoins de votre corps et de les honorer. Quand vous prenez le temps de manger sainement, votre corps vous le rend. Vous ressentez plus d'énergie, votre peau est plus lumineuse, et votre moral est au beau fixe.

Le sommeil, cet allié inestimable

S'il y a bien une chose que la plupart des gens négligent, c'est le sommeil. Pourtant, dormir n'est pas un luxe, c'est une nécessité. Pendant que vous dormez, votre corps travaille. Il répare, il régénère, il se ressource. Un sommeil de qualité améliore votre concentration, votre humeur, et renforce votre système immunitaire. Il est recommandé d'avoir entre 7 et 9 heures de sommeil chaque nuit. Veillez à instaurer un rituel qui favorise l'endormissement. Évitez les écrans avant de dormir, préférez la lecture ou la méditation. Assurez-vous également que votre chambre soit propice au sommeil : sombre, silencieuse et à une température agréable. C'est d'autant plus important pendant cette période de transition. Votre corps et votre esprit sont sollicités. Donnez-leur le repos qu'ils méritent, et ils vous aideront à naviguer plus sereinement à travers les défis de la quarantaine.

En bref, la quarantaine est un moment pivot, une transition qui peut être déstabilisante. Mais avec le bon entretien de votre « véhicule », vous avez toutes les chances de la vivre avec énergie, sérénité et vitalité. Prenez soin de vous, respectez votre corps et donnez-lui ce dont il a besoin. Après tout, c'est le seul endroit où vous êtes sûr de vivre toute votre vie. Donnez-lui l'attention qu'il mérite, et il vous le rendra au centuple.

CHAPITRE 10

SE RÉINVENTER PROFES-
SIONNELLEMENT.

La crise de la quarantaine, ce moment où le miroir renvoie une image d'un chemin parcouru et d'un horizon à définir, peut parfois prendre des allures d'un questionnement professionnel profond. Votre désir de changement, que ce soit un virage radical de carrière, l'envie d'entamer une nouvelle aventure entrepreneuriale ou simplement l'acquisition de nouvelles compétences, est tout à fait légitime. Mais comment s'y prendre ?

Reconnaître le besoin de changement

La première étape consiste à identifier la raison profonde de cette envie de changement. Est-ce la routine qui vous pèse? Ou peut-être une aspiration à quelque chose de plus grand, de plus conforme à vos valeurs ou à vos passions? Prenez le temps de vous écouter. C'est le premier pas vers un renouveau.

Accepter de sortir de sa zone de confort

Comprendre et accepter que tout changement nécessite de sortir de sa zone de confort est primordial. Vous ressentirez peut-être de l'appréhension ou même de la peur. Rappelez-vous que ce sont des émotions naturelles face à l'inconnu. Ne vous laissez pas décourager par elles. Considérez-les plutôt comme le signe que vous êtes sur la bonne voie.

S'informer sur le marché actuel

Il est vital d'être bien informé. Que vous envisagiez une nouvelle carrière ou de monter votre entreprise, informez-vous sur le marché actuel, les tendances, les opportunités et les défis. Cela vous permettra de positionner votre projet ou votre reconversion de manière pertinente et stratégique.

Évaluez vos compétences et identifiez vos lacunes

Faites le point sur vos compétences actuelles. Quelles sont celles qui pourront être transférées dans votre nouvelle aventure ? Quelles sont celles qui vous manquent? Cette évaluation vous aidera à cibler vos efforts pour acquérir les compétences nécessaires.

Adopter une posture d'apprenant

Se réinventer professionnellement, c'est aussi accepter de retourner sur les bancs d'école, que ce soit de manière formelle ou informelle. Diverses ressources, comme les formations en ligne, les ateliers ou les séminaires, peuvent vous aider à développer ces nouvelles compétences.

S'entourer des bonnes personnes

Entourez-vous de personnes qui croient en vous et en votre projet. Recherchez des mentors ou des coachs qui pourront vous guider dans cette transition. Leur expérience et leurs conseils seront précieux.

Anticiper les obstacles

Chaque changement vient avec son lot de défis. Mais les anticiper peut faire toute la différence. Demandez-vous : «Quels seront les défis majeurs ?» et «Comment pourrais-je les surmonter ?» Avoir un plan d'action vous aidera à avancer avec confiance.

Prendre soin de soi

Dans cette période de transition, il est crucial de prendre soin de soi. Gardez du temps pour vous, que ce soit pour vous ressourcer, pratiquer une activité qui vous plaît ou simplement vous reposer. Votre équilibre personnel influencera grandement votre réussite professionnelle.

Célébrer les petites victoires

Il est possible que votre chemin vers ce renouveau professionnel soit long et semé d'embûches. Mais chaque petit pas en avant est une victoire en soi. Célébrez-les ! Ces moments de reconnaissance vous donneront la motivation nécessaire pour poursuivre votre route.

Voilà, vous avez maintenant une meilleure idée de la manière de vous réinventer professionnellement. Chaque personne est unique, donc chaque parcours le sera aussi. N'oubliez pas que le plus important est de suivre votre intuition et de croire en vous. Vous avez le pouvoir de créer le changement que vous désirez dans votre vie professionnelle. Et n'oubliez pas, il n'y a pas d'âge pour se réinventer. Bonne route !

CHAPITRE 11

LA SPIRITUALITÉ ET LA RECHERCHE DE SENS.

La crise de la quarantaine est souvent perçue comme un moment de remise en question profonde. Un moment où l'on s'interroge sur le sens de sa vie, sur la direction qu'elle prend, sur les valeurs qui nous animent. Ce cheminement intérieur amène naturellement vers une dimension souvent négligée dans notre quotidien effréné : la spiritualité. Vous pourriez vous demander : «Qu'entend-on exactement par spiritualité ?». En effet, ce terme, flou pour beaucoup, évoque une multitude d'images, d'émotions et de concepts. La spiritualité n'est pas nécessairement liée à une religion ou à une croyance spécifique. Elle peut simplement être cette quête intérieure vers une compréhension plus profonde de soi, du monde qui nous entoure, et du lien mystérieux qui unit l'ensemble.

Spiritualité : un refuge pour l'âme

Vous avez peut-être déjà ressenti cette sensation d'être perdu, de ne pas savoir quelle direction prendre dans votre vie. La quarantaine est souvent ce moment où ces questions refont surface avec force. La spiritualité offre une échappatoire, non pas pour fuir ces questions, mais pour les aborder avec une nouvelle perspective, plus sereine et éclairée. Prenons un exemple. Imaginez-vous devant une immense forêt. Vous avez devant vous plusieurs sentiers, mais aucun ne semble clairement indiquer la meilleure voie à emprunter. La spiritualité, c'est cette boussole intérieure qui vous aide à trouver votre propre chemin, à comprendre que chaque sentier a son importance et qu'il n'y a pas de bonne ou de mauvaise direction, mais simplement celle qui résonne le plus avec votre cœur.

Se reconnecter avec soi

La spiritualité, c'est avant tout un voyage intérieur. Il s'agit de se reconnecter avec soi-même, avec ses aspirations les plus profondes, ses rêves, mais aussi ses peurs. Cette reconnexion permet de mieux comprendre ce que l'on souhaite réellement, ce qui nous anime, ce qui nous donne envie de nous lever chaque matin. Il n'est pas rare que pendant la crise de la quarantaine, on se rende compte que l'on a négligé certaines parties de soi, que l'on a mis de côté des aspirations pour suivre un chemin tracé par la société, la famille ou les amis. La spiritualité invite à se poser, à écouter cette petite voix intérieure, souvent noyée dans le tumulte du quotidien.

Spiritualité : un ancrage dans le présent

Il est fréquent, pendant cette période charnière de la quarantaine, de ressasser le passé, de s'angoisser pour l'avenir. La spiritualité propose une approche différente : vivre pleinement l'instant présent. En se connectant à l'ici et maintenant, on se donne la chance d'apprécier chaque moment, chaque expérience, chaque émotion. Cela ne signifie pas ignorer ses regrets ou ses inquiétudes, mais plutôt les accueillir avec bienveillance, sans jugement. C'est reconnaître que chaque expérience, qu'elle soit agréable ou douloureuse, contribue à notre évolution, à notre compréhension du monde.

Trouver du sens dans l'impermanence

La crise de la quarantaine confronte souvent à la notion d'impermanence. On réalise que le temps passe, que rien n'est éternel. La spiritualité permet d'aborder cette prise de conscience non pas comme une fin, mais comme une nouvelle étape. L'impermanence est, dans de nombreuses traditions spirituelles, une invitation à célébrer chaque instant, à reconnaître la beauté de la vie dans ses moindres détails. Elle rappelle que tout est en constante évolution, que chaque fin est un nouveau commencement.

Le chemin spirituel : un voyage personnel

Vous vous demandez peut-être par où commencer. Il n'y a pas de réponse unique à cette question. Chacun doit trouver son propre chemin, celui qui lui correspond le mieux. Il peut s'agir de méditation, de lectures inspirantes, de retraites spirituelles, ou simplement de moments de silence, à l'écoute de soi. Il est important de se rappeler que la spiritualité n'est pas une destination, mais un voyage. Un voyage qui demande du temps, de la patience, de la bienveillance envers soi-même.

En somme, la spiritualité offre un cadre, une perspective différente pour aborder cette période de la quarantaine. Elle invite à se poser, à écouter, à comprendre. Elle propose une approche bienveillante, centrée sur l'essentiel, loin du bruit et de l'agitation du quotidien. Dans cette quête de sens, la spiritualité peut être ce guide précieux qui éclaire la route, même dans les moments les plus sombres.

CHAPITRE 12

CONSTRUIRE DE NOUVELLES RELATIONS ET ENTRETENIR LES ANCIENNES.

Ah, la quarantaine ! Certains diront que c'est l'âge où l'on prend conscience du temps qui passe, d'autres qu'il s'agit d'une période de renouveau. Dans cette traversée, une chose est certaine : les relations jouent un rôle prépondérant. Vous vous demandez sûrement comment tisser de nouveaux liens tout en préservant ceux qui ont traversé le temps ? Vous êtes au bon endroit.

L'art de la (re)découverte

Souvent, en cherchant à nouer de nouvelles relations, nous oublions le trésor que nous possédons déjà : nos anciens amis et connaissances. Rappelez-vous de ces personnes avec lesquelles vous partagiez des souvenirs mais que vous avez perdues de vue. Pourquoi ne pas reprendre contact ? Une simple prise de nouvelles peut parfois raviver une amitié mise de côté. Le passé commun est une fondation solide sur laquelle reconstruire une relation.

Soyez ouvert et curieux

Quand il s'agit d'établir de nouveaux liens, l'ouverture d'esprit est essentielle. Vous n'avez pas besoin d'adopter toutes les opinions et tous les intérêts de votre interlocuteur, mais montrez-vous curieux de sa perspective. Les nouvelles rencontres sont souvent des portes vers des univers insoupçonnés. Embrassez cette diversité, elle enrichit votre propre expérience.

Soyez présent

Dans un monde dominé par la technologie, rien ne vaut la chaleur d'une vraie conversation. Pour renforcer vos liens actuels ou en créer de nouveaux, la présence est la clé. Montrez-vous disponible, écoutez activement et montrez de l'empathie. Vous serez surpris de voir à quel point une simple écoute peut renforcer un lien.

Reconnaissez la valeur de chaque relation

Chaque relation est unique. Certains amis sont là pour les bons moments, d'autres pour les périodes difficiles. Certains sont de passage, d'autres restent pour toujours. Chaque relation a sa propre valeur. En reconnaissant cela, vous pourrez donner à chaque personne la place qu'elle mérite dans votre vie.

Évoluez ensemble

Les gens changent, évoluent, et il en va de même pour les relations. Acceptez que vos amis puissent changer, tout comme vous changez. Trouvez des moyens de grandir ensemble, que ce soit en partageant de nouveaux intérêts ou en adaptant la relation à la nouvelle dynamique. C'est un signe de maturité que de comprendre que la constance n'est pas une stagnation, mais une adaptation aux nouvelles réalités.

Dites «oui» plus souvent

Vous souvenez-vous de la dernière fois où vous avez refusé une invitation par peur de sortir de votre zone de confort ? Il est temps de dire «oui» un peu plus souvent. Cela vous ouvrira à de nouvelles expériences et de nouvelles rencontres. Bien sûr, cela ne signifie pas que vous devez accepter chaque invitation. Mais osez sortir de votre routine de temps en temps.

Trouvez un équilibre

Il peut être tentant de se lancer corps et âme dans la quête de nouvelles relations, surtout lorsqu'on se sent seul. Mais il est essentiel de trouver un équilibre entre le temps que vous consacrez à vos anciennes connaissances et le temps que vous réservez aux nouvelles rencontres. Vous devez vous assurer que ni l'un ni l'autre ne se sente délaissé.

Les petits gestes comptent

Un simple message, un appel, une carte postale. Dans la précipitation de la vie moderne, ces petits gestes peuvent sembler insignifiants, mais ils peuvent faire toute la différence dans une relation. Ils montrent que vous pensez à l'autre, que vous vous souciez de lui. Ne sous-estimez jamais la puissance de la petite attention.

L'honnêteté avant tout

Dans toute relation, l'honnêteté est primordiale. Si quelque chose vous dérange ou si vous ressentez le besoin de partager vos sentiments, faites-le de manière respectueuse et bienveillante. Les non-dits peuvent être des bombes à retardement dans une relation. Mieux vaut clarifier les choses dès le départ.

Profitez de chaque instant

Chaque moment passé avec un être cher est précieux. Profitez-en, car même si cela peut sembler cliché, le temps passe vite. Rire, partager, discuter, débattre, même se disputer parfois... chaque interaction est une occasion de renforcer un lien ou d'en créer un nouveau.

La quarantaine est un moment de réflexion, mais aussi d'action. En cultivant vos relations existantes et en vous ouvrant à de nouvelles rencontres, vous enrichirez votre réseau social et votre expérience de vie. Chaque relation est un cadeau, qu'elle soit ancienne ou nouvelle. Chérissez-les toutes, car elles forment le tissu même de votre existence.

CHAPITRE 13

LA SEXUALITÉ À LA
QUARANTAINE.

La quarantaine est souvent considérée comme un tournant décisif dans la vie d'une personne. Ce n'est pas seulement une étape de transition concernant le travail, les relations ou la santé mentale ; elle est aussi un moment particulier dans le domaine de la sexualité. Alors, que se passe-t-il vraiment pendant cette décennie de nos vies ? Tout d'abord, il est essentiel de comprendre que la quarantaine ne signifie pas la fin de la vie sexuelle. Au contraire ! C'est une période pleine d'opportunités pour redéfinir, redécouvrir et reconsidérer ce qui compte vraiment pour vous en matière d'intimité.

Les changements physiologiques

Il est inévitable que notre corps subisse des transformations au fil du temps. À la quarantaine, ces changements peuvent inclure une diminution de la libido, des fluctuations hormonales pour les femmes, et pour certains hommes, une éventuelle diminution de la fonction érectile. Mais ne vous alarmez pas trop rapidement ! Ces modifications ne sont pas systématiques et, même lorsqu'elles surviennent, elles peuvent souvent être abordées avec succès. La clé est la communication. Parlez à votre médecin, partagez vos préoccupations et cherchez des solutions ensemble. Et surtout, rappelez-vous que la sexualité ne se limite pas aux actes physiques. L'intimité émotionnelle, la tendresse et la compréhension mutuelle sont tout aussi importantes, sinon plus.

Les défis émotionnels

À la quarantaine, nous portons souvent le poids des responsabilités, qu'il s'agisse d'élever des enfants, de prendre soin de parents âgés ou de gérer une carrière. Ces responsabilités peuvent parfois créer un stress qui affecte la vie intime. Vous pouvez vous sentir trop fatigué, trop préoccupé ou trop distrait pour chercher l'intimité. L'autre défi majeur, c'est la perception de soi. Avec l'âge, certains peuvent se sentir moins désirables ou moins confiants dans leur corps. Mais rappelez-vous que la beauté est intemporelle et que l'attraction est bien plus que la simple apparence. Votre expérience, votre sagesse et la profondeur de votre relation sont des éléments qui enrichissent votre vie intime.

Les opportunités

C'est le moment idéal pour redéfinir ce que la sexualité signifie pour vous. Au lieu de se concentrer sur ce qui pourrait ne pas fonctionner comme avant, concentrez-vous sur ce qui fonctionne bien. Peut-être est-ce le moment d'explorer de nouvelles façons de vous connecter avec votre partenaire, d'essayer des activités que vous n'aviez jamais envisagées auparavant ou de simplement prendre le temps d'apprécier les petits moments d'intimité. La quarantaine est aussi le moment de briser les mythes. Contrairement à ce que la société pourrait vous faire croire, la vie sexuelle ne diminue pas nécessairement avec l'âge. En réalité, beaucoup trouvent que leur vie intime s'améliore à la quarantaine, grâce à une meilleure compréhension de soi et du partenaire, ainsi qu'à une plus grande acceptation des imperfections.

En résumé

La quarantaine est une étape où la sexualité peut connaître des hauts et des bas. Mais c'est aussi une période pour embrasser le changement, pour apprécier la profondeur de vos relations et pour chercher des moyens innovants de maintenir la flamme. Si vous faites face à des défis, souvenez-vous que vous n'êtes pas seul. Il existe des ressources et des professionnels prêts à aider.

Et surtout, permettez-vous d'apprécier cette période de votre vie. Après tout, la quarantaine n'est pas une fin, mais bien un nouveau chapitre passionnant de votre voyage intime.

CHAPITRE 14

LA QUÊTE DE PASSIONS ET DE HOBBIES.

Entamer la quarantaine, c'est souvent comme entrer dans une nouvelle pièce d'une maison que l'on croyait connaître par cœur. Soudain, les contours semblent différents, l'éclairage a changé, et on se demande ce qui a bien pu nous échapper pendant toutes ces années. Mais au lieu de s'arrêter à ces nouvelles perspectives déconcertantes, c'est le moment idéal pour repenser à ces passions et hobbies qui nous ont peut-être échappé ou que nous avons mis de côté. Vous vous demandez sûrement : «Pourquoi maintenant?». La quarantaine est un carrefour. C'est une période où l'on commence souvent à se poser des questions plus profondes sur le sens de la vie et sur ce qui nous rend réellement heureux. Et c'est précisément pour cela que redécouvrir des passions ou en chercher de nouvelles peut être le vent frais qui vous aidera à naviguer à travers cette période transitoire.

Redécouvrir les passions du passé

Il n'est pas rare d'avoir laissé des passions derrière soi en grandissant. La vie, avec ses responsabilités et ses impératifs, peut souvent éclipser les activités qui nous faisaient vibrer autrefois. Alors, demandez-vous: Qu'est-ce qui vous faisait sourire lorsque vous étiez plus jeune? Quelle activité vous faisait oublier le temps? Peut-être que vous adoriez peindre, danser, jouer d'un instrument, ou peut-être aviez-vous une affinité pour une discipline particulière, comme l'astronomie ou l'archéologie. Votre quarantaine est l'occasion rêvée pour revisiter ces anciennes passions.

La nouveauté comme source d'émerveillement

Mais il ne s'agit pas seulement de se tourner vers le passé. La quête de nouvelles passions et hobbies est tout aussi exaltante. Pourquoi? Parce que l'apprentissage et la découverte stimulent notre cerveau, apportent un sentiment de réalisation et ravivent la flamme de la curiosité. Explorez. Que ce soit une cuisine du monde que vous n'avez jamais essayée, un sport qui vous a toujours intrigué ou une forme d'art que vous n'avez jamais osé essayer – lancez-vous. L'avantage à cet âge est que vous n'avez plus rien à prouver. Vous pouvez simplement vous adonner à une activité pour le plaisir qu'elle procure.

L'importance de la connexion

Souvent, la beauté d'une passion ou d'un hobby réside dans le partage. Rejoignez des groupes ou des ateliers qui partagent vos intérêts. Cela vous donnera l'opportunité de rencontrer des personnes qui traversent peut-être les mêmes questionnements que vous, et avec qui vous pouvez partager vos expériences et découvertes.

Quand le quotidien devient une passion

Il est essentiel de comprendre que la passion ne réside pas toujours dans les grandes aventures ou les activités exubérantes. Elle peut se trouver dans les choses les plus simples. Vous souvenez-vous de la dernière fois où vous avez pris le temps de préparer un plat avec amour, de lire un bon livre au coin du feu ou de jardiner paisiblement un dimanche matin? Ces moments simples mais profonds sont également des passions qui nourrissent l'âme et le cœur.

Écouter son intuition

En fin de compte, le secret réside dans l'écoute de soi. Chaque personne est unique, et ce qui peut être une passion pour l'un peut ne pas l'être pour l'autre. Faites-vous confiance. Si quelque chose résonne en vous, explorez-le. Si une activité vous procure de la joie, poursuivez-la. Votre intuition est votre meilleure alliée dans cette quête.

En route vers une vie épanouissante

En embrassant de nouvelles passions ou en redécouvrant celles du passé, vous vous offrez une opportunité inestimable. Vous vous donnez la chance de vivre avec plus d'intensité, de couleur et de joie. Dans la valse de la vie, chaque pas de danse compte. Alors, que ce soit à travers une passion d'antan ou une toute nouvelle découverte, dansez avec tout votre cœur.

La quarantaine n'est pas une fin, mais un nouveau départ. Et si chaque jour est une toile vierge, vos passions et hobbies sont les couleurs vibrantes avec lesquelles vous pouvez peindre. À vous de choisir comment vous souhaitez illuminer ce chapitre de votre vie.

CHAPITRE 15

ACCEPTER LE CHANGEMENT.

Vous avez probablement déjà entendu cette vieille maxime : « Le changement est la seule constante ». Et, même si elle peut sembler éculée, cette phrase résonne avec tant de vérité, surtout lorsque nous naviguons à travers la période tumultueuse de la quarantaine. Si vous ressentez que le monde bouge tout autour de vous, vous n'êtes pas seul. Mais est-ce nécessairement une mauvaise chose ? Pourquoi ne pas percevoir le changement comme une opportunité plutôt que comme une menace ? Lorsque vous étiez plus jeune, chaque nouvelle étape, chaque défi était vu comme une chance d'apprendre, de grandir, de découvrir qui vous êtes. Mais quelque part en cours de route, cette vision optimiste du changement peut avoir été éclipsée par des craintes et des inquiétudes. Vous avez peut-être commencé à voir la stabilité comme un gage de réussite, le changement devenant synonyme d'instabilité. Mais regardons la nature pour un instant. Les saisons changent, les arbres perdent leurs feuilles, les fleurs se fanent, mais tout cela est suivi par un renouveau, une renaissance. Si la nature, dans toute sa sagesse, accepte et embrasse le changement, pourquoi pas vous ?

Le changement comme révélateur

Le changement n'est pas toujours facile, c'est vrai. Mais il peut être le miroir qui reflète où vous en êtes dans votre vie. Est-ce que vous êtes en phase avec vos désirs profonds ? Est-ce que vous vivez selon vos valeurs ? Le changement, en confrontant votre réalité actuelle à une nouvelle situation, vous force à vous poser ces questions essentielles. C'est une invitation à vous repositionner, à redéfinir vos priorités.

Le changement comme ouverture

Quand une porte se ferme, une autre s'ouvre. Vous avez sûrement déjà vécu des situations où un obstacle inattendu s'est révélé être une opportunité déguisée. En se focalisant sur la porte fermée, vous pourriez manquer une multitude d'autres voies qui s'offrent à vous. Embrasser le changement, c'est aussi accepter de ne pas avoir toutes les réponses maintenant, mais d'avoir la curiosité de découvrir ce qui vient ensuite.

Le changement comme source de croissance

En quoi seriez-vous différent si vous n'aviez jamais fait face à des défis, à des bouleversements ? C'est souvent dans l'adversité que l'on découvre sa véritable force, ses ressources insoupçonnées. Chaque changement est une occasion d'apprendre, de se développer, d'acquérir une meilleure compréhension de soi et du monde.

S'ancrer dans le moment présent

L'une des clés pour accepter le changement est de rester ancré dans le moment présent. Quand le futur semble incertain, il est facile de se perdre dans les « et si ». En revenant au moment présent, vous pouvez identifier ce qui est vraiment en votre pouvoir. Respirez profondément, observez vos sensations, vos émotions. Vous trouverez souvent que le moment présent est bien moins menaçant que les scénarios catastrophes que votre esprit peut imaginer.

Lâcher prise

Il est essentiel de comprendre que vous ne pouvez pas tout contrôler. Et c'est parfait ainsi. Tenter de résister à tout changement ne fait qu'augmenter le stress et l'anxiété. Lâcher prise, ce n'est pas abdiquer, c'est choisir ses combats. C'est reconnaître que le courant de la vie a, parfois, une meilleure idée de la direction à prendre.

Trouver du soutien

Vous n'êtes pas seul dans cette aventure. Cherchez du soutien autour de vous : amis, famille, groupes, professionnels. Échanger avec d'autres peut vous aider à voir les choses sous un angle différent, à trouver du réconfort dans des expériences similaires ou simplement à vous sentir compris.

Enfin, souvenez-vous que vous avez déjà traversé de nombreux changements au cours de votre vie. Vous avez surmonté des défis, vous avez appris, vous avez grandi. Cette nouvelle étape, cette crise de la quarantaine, est simplement une autre étape de votre voyage, riche en enseignements et en opportunités. En acceptant le changement, en l'embrassant même, vous vous offrez une chance de vivre pleinement, de découvrir de nouveaux horizons et de vous épanouir davantage.

CHAPITRE 16

LA FORCE DE LA RÉSILIENCE.

Entrons directement dans le vif du sujet. Vous avez déjà entendu ce terme maintes et maintes fois : la résilience. Cette capacité unique de se relever après une épreuve, de se reconstruire face à l'adversité. Mais comment cela se manifeste-t-il dans la réalité, et comment pouvez-vous développer cette résilience, surtout durant la crise de la quarantaine?

L'essence de la résilience

Pour démarrer, imaginez un roseau. Vous l'avez probablement vu dans un marécage ou à côté d'une étendue d'eau. Le vent souffle fort, et le roseau se plie, se courbe, mais ne se casse pas. Dès que le vent s'arrête, il reprend sa forme initiale. Cette flexibilité, cette capacité d'adaptation face à la force du vent, c'est exactement l'image de la résilience. Vous vous demandez certainement pourquoi certaines personnes semblent traverser les épreuves avec une certaine sérénité tandis que d'autres s'effondrent. Ce n'est pas une question de force brute, mais de flexibilité et d'adaptabilité.

Techniques pour cultiver la résilience

Acceptation : La première étape vers la résilience est l'acceptation. Accepter ne signifie pas renoncer ou abandonner, mais simplement reconnaître la réalité de la situation. C'est une prise de conscience nécessaire pour avancer.

Connexion : Entourez-vous de personnes bienveillantes. Une épaule solide, des oreilles attentives peuvent faire des merveilles. Ne sous-estimez jamais le pouvoir de la communauté.

Flexibilité : Adaptez-vous à votre nouvelle réalité. Cela pourrait signifier apprendre de nouvelles compétences ou simplement voir les choses sous un autre angle.

Optimisme : Regardez toujours la lumière au bout du tunnel. L'optimisme, ce n'est pas ignorer la réalité, mais croire en la capacité de surmonter les épreuves.

Action : Agissez, même petitement. Chaque petit pas compte et vous rapproche de votre objectif.

Apprenez de l'échec : Ne voyez pas l'échec comme une finalité, mais comme une étape d'apprentissage. Il vous donne des indices, vous montre ce qui ne fonctionne pas et vous oriente vers une meilleure voie.

Réflexions finales

Face à la crise de la quarantaine, vous avez peut-être l'impression d'être confronté à des montagnes insurmontables. Mais chaque épreuve, chaque défi est aussi une chance de grandir, de mûrir et de trouver une nouvelle voie. La résilience n'est pas quelque chose que l'on naît avec, c'est une compétence que l'on peut développer. Et avec le temps, la patience et la détermination, vous découvrirez que les adversités de la vie ne sont que des opportunités déguisées.

Chaque jour est un nouveau départ. Chaque défi est une nouvelle chance d'apprendre. Chaque échec est un pas de plus vers la réussite. Cultivez cette force, cette résilience, et vous serez étonné de voir à quel point vous pouvez aller loin, peu importe les obstacles sur votre chemin.

CHAPITRE 17

RÉDÉFINIR LA RÉUSSITE.

De nos jours, lorsqu'on parle de réussite, l'imaginaire collectif évoque souvent des images de richesses matérielles, de popularité, de statut social ou d'acquis professionnels. Les sociétés modernes ont établi des critères que la plupart d'entre nous s'efforcent de suivre, parfois aveuglément. Mais la quarantaine nous offre une opportunité unique de prendre du recul et de se demander si ces normes correspondent réellement à nos aspirations profondes. Avez-vous déjà eu le sentiment de courir après quelque chose sans vraiment savoir pourquoi ? Vous n'êtes pas seul. Beaucoup d'entre nous ressentent cela. Nous poursuivons des objectifs parce que c'est ce que la société attend de nous, et non parce que c'est ce qui résonne avec nos désirs intimes. Le succès, c'est comme une peinture. Pour certains, ce sera une représentation fidèle de la réalité, pleine de détails précis et de couleurs vives. Pour d'autres, cela sera plus abstrait, jouant sur les émotions et les sensations. Il est donc essentiel de définir ce que représente le succès à vos yeux, et non à ceux des autres.

Un regard sur les normes actuelles

Dans la plupart des cultures, le succès est souvent associé à des symboles tangibles : une belle maison, une voiture de luxe, un poste prestigieux. Mais ces critères sont-ils universels ? Lorsque l'on regarde les différentes civilisations, on s'aperçoit que la définition du succès a varié selon les époques et les lieux. Autrefois, être un bon père ou une bonne mère était considéré comme une grande réussite. Pour certains peuples, vivre en harmonie avec la nature est le summum de la réussite.

La pression sociétale

Le monde dans lequel nous vivons nous met constamment sous pression. Les réseaux sociaux amplifient cette sensation en nous présentant constamment des images de «succès». Mais il est crucial de se rappeler que ces instantanés ne sont qu'une fraction de la réalité, souvent idéalisée.

La quête de sens

Lorsque la quarantaine survient, une remise en question s'opère souvent. Vous commencez à chercher un sens plus profond à la vie. Et si le vrai succès était lié à la recherche de ce sens ? Si une vie réussie était une vie où vous avez trouvé votre place, où vous avez créé des liens sincères, où vous avez apporté une contribution, aussi minime soit-elle, à l'humanité ?

Établir sa propre définition

Pour redéfinir la réussite à votre manière, commencez par poser les bonnes questions. Demandez-vous ce qui vous rend réellement heureux, ce qui vous passionne, ce qui vous fait vous sentir vivant. Pensez à ces moments de votre vie où vous vous êtes senti le plus épanoui. Souvenez-vous que la réussite n'est pas une destination, mais un voyage. C'est un processus en constante évolution, qui doit être adapté à chaque étape de votre vie. Votre définition du succès à 20 ans ne sera probablement pas la même qu'à 40.

Se libérer des entraves

Il est vital de se libérer des chaînes que la société tente de nous imposer. Cela ne signifie pas que vous devez renoncer à tout confort matériel ou à toute ambition professionnelle. Cela signifie simplement que vous devez faire ces choix en fonction de ce qui vous importe réellement.

Un exemple à suivre ?

Imaginez une personne que vous admirez. Qu'est-ce qui vous attire chez elle ? Est-ce sa richesse, sa célébrité, ou est-ce sa passion, son intégrité, sa capacité à toucher les autres ? Souvent, ce qui nous inspire chez quelqu'un n'est pas ce qu'il possède, mais ce qu'il est.

Vers une nouvelle perception

La quarantaine est souvent perçue comme un moment de crise, mais elle peut aussi être une opportunité. Une chance de réévaluer ce qui compte vraiment pour vous. Alors, au lieu de voir cette période comme une remise en question de votre réussite passée, voyez-la comme le moment idéal pour redéfinir ce que sera votre réussite future.

En fin de compte, le succès est ce que vous en faites. Il est aussi unique que vous l'êtes. Votre vie est une toile vierge, et vous en êtes l'artiste. Vous avez le pouvoir de décider ce que représente la réussite pour vous. Alors, prenez ce pinceau et peignez le tableau de la vie que vous désirez vraiment.

CHAPITRE 18

LE RÔLE DES MENTORS ET DES THÉRAPEUTES.

La quarantaine! Quelle période fascinante! Si certains la qualifient de seconde adolescence, pour d'autres, elle s'apparente à une remise en question, une renaissance ou encore un tournant décisif. Alors, comment naviguer avec sérénité à travers cette phase unique de la vie? Ne dit-on pas qu'en traversant une forêt, il vaut mieux avoir un bon guide à ses côtés pour éviter de se perdre? C'est là que les mentors et les thérapeutes entrent en jeu. Voyons pourquoi leur présence peut s'avérer précieuse et comment ils peuvent illuminer notre parcours.

Pourquoi chercher de l'aide extérieure?

La quarantaine est souvent accompagnée d'un lot de questionnements, d'incertitudes et parfois même de remises en question profondes. Vos repères habituels peuvent sembler flous, et les solutions qui fonctionnaient hier ne sont peut-être plus adaptées aujourd'hui. Un mentor, de par son expérience et sa sagesse, peut offrir un regard extérieur et neutre sur votre situation. C'est cette capacité à voir les choses sous un angle différent qui permet d'avoir une vision plus claire et plus large de ce que vous vivez. D'un autre côté, le thérapeute offre un espace sécurisé où vous pouvez vous exprimer librement, explorer vos émotions et mieux comprendre ce qui se passe à l'intérieur de vous. C'est une invitation à plonger dans vos profondeurs pour y trouver des trésors cachés et des ressources insoupçonnées.

Comment choisir le bon guide?

Se lancer dans la quête du bon mentor ou du thérapeute idéal peut ressembler à un parcours du combattant. Mais rassurez-vous, il existe des balises qui peuvent faciliter votre choix. Tout d'abord, il est essentiel de se poser la question: «Qu'est-ce que j'attends de cette relation?» Certains rechercheront avant tout une oreille attentive, tandis que d'autres préféreront des retours concrets et des pistes d'action. Un bon mentor sera celui qui, en plus de son expérience, saura vous écouter sans jugement et vous proposer des orientations sans jamais imposer sa vision des choses. Une certaine alchimie doit s'opérer entre vous, une sorte de confiance mutuelle et un respect réciproque. Quant au thérapeute, son rôle n'est pas de donner des solutions toutes faites, mais de vous accompagner dans votre propre cheminement. La confiance est également primordiale dans cette relation. Si après quelques séances, vous ne sentez pas de connexion ou si vous n'avez pas l'impression d'avancer, il peut être judicieux de reconsidérer votre choix.

Où trouver ces précieux alliés?

Le bouche-à-oreille reste un excellent moyen. N'hésitez pas à demander autour de vous, à vos proches, à vos collègues ou même à vos amis sur les réseaux sociaux. Souvent, les meilleures recommandations viennent de personnes qui ont déjà bénéficié de l'aide de ces experts. Les associations professionnelles et les annuaires spécialisés peuvent aussi vous orienter vers des thérapeutes ou des mentors certifiés et reconnus dans leur domaine.

S'ouvrir à l'aide extérieure, un signe de faiblesse?

Il est parfois difficile d'admettre que l'on a besoin d'aide. Notre société valorise l'indépendance et la résilience, ce qui peut nous conduire à percevoir la demande d'aide comme un signe de vulnérabilité. Pourtant, c'est tout le contraire! Reconnaître ses besoins et chercher à y répondre est une preuve de courage et de maturité. Avoir un mentor ou un thérapeute, c'est comme avoir un compagnon de route pour éclairer votre chemin. Ce n'est pas une béquille, mais un soutien, une présence qui enrichit votre parcours et vous aide à avancer avec confiance.

Et après?

Une fois que vous avez trouvé ce guide précieux, il est important de cultiver cette relation. Comme toute relation, elle nécessite de l'attention, de la communication et du respect mutuel. Soyez ouvert à la découverte, à l'apprentissage et au changement.

Finalement, il est essentiel de se rappeler que chaque personne est unique. Ce qui fonctionne pour l'un ne fonctionnera pas nécessairement pour l'autre. La quarantaine est une période riche en enseignements et en opportunités. Avec l'aide d'un mentor ou d'un thérapeute, vous avez la chance d'en tirer le meilleur et de traverser cette phase avec épanouissement et sérénité. Alors, n'attendez pas, faites le premier pas et embrassez cette merveilleuse aventure qu'est la vie!

CHAPITRE 19

SE PRÉPARER POUR LA PROCHAINE DÉCENNIE.

La quarantaine peut être une période de remise en question, où on se demande si on a fait les bons choix, si on est à la hauteur de nos attentes, et où on se trouve dans le grand scénario de la vie. Mais au-delà de ces questions existentielles, il est aussi question de se projeter dans le futur, notamment vers la cinquantaine. Comment envisager cette étape avec sérénité ? Comment se positionner pour les années à venir ? Suivez-moi dans cette réflexion sur la meilleure manière de se préparer pour la prochaine décennie.

Se connaître soi-même

Avant de se tourner vers le futur, il est crucial de bien se connaître. Vous êtes la personne avec laquelle vous passerez le plus de temps dans votre vie. Si vous ne vous comprenez pas vous-même, comment pouvez-vous envisager le futur avec confiance ? Prenez un moment pour réfléchir à vos désirs, vos valeurs, vos passions. Vous avez probablement appris beaucoup sur vous-même pendant la quarantaine. Utilisez ces leçons pour mieux comprendre ce qui vous motive vraiment.

Acceptez le passé, vivez le présent, et anticipez l'avenir

Nul ne peut changer le passé, mais vous pouvez choisir comment vous y réagissez. L'acceptation est la clé. Ne ruminez pas sur les erreurs ou les regrets. C'est une occasion d'apprendre et de grandir. Vivre le présent signifie embrasser le moment actuel, quel qu'il soit. Il s'agit d'être pleinement engagé dans ce que vous faites, que ce soit au travail, avec la famille ou les amis. Enfin, anticiper l'avenir ne signifie pas s'inquiéter de ce qui pourrait arriver, mais plutôt envisager les possibilités. Que voulez-vous réaliser dans la prochaine décennie ?

Renouez avec vos rêves

Peut-être avez-vous mis certains rêves de côté, en pensant qu'ils n'étaient pas réalisables ou que ce n'était pas le bon moment. Mais si ce n'est pas maintenant, alors quand ? Si certains de ces rêves vous tiennent toujours à cœur, pourquoi ne pas envisager de les réaliser dans la prochaine décennie ?

Entourez-vous des bonnes personnes

Les relations sont la clé de notre bien-être. Il est vital d'être entouré de personnes qui nous soutiennent, nous comprennent et partagent nos valeurs. Si certaines relations vous tirent vers le bas, il est peut-être temps de reconsidérer leur place dans votre vie.

Préparez-vous financièrement

La sérénité passe aussi par la stabilité financière. Sans suggérer des actions précises, il est crucial de penser à la retraite, aux investissements et à la protection de votre patrimoine. Si vous n'avez pas encore élaboré de plan financier pour les années à venir, cela pourrait être le moment de le faire.

Adoptez un mode de vie sain

Il est difficile de se sentir serein et confiant si vous ne vous sentez pas bien dans votre corps. Vous n'avez pas besoin de suivre le dernier régime à la mode, mais pensez à adopter un mode de vie équilibré, avec une alimentation saine, de l'exercice régulier et du temps pour la relaxation et la méditation.

Fixez-vous des objectifs, mais restez flexible

Il est essentiel d'avoir des objectifs pour savoir où vous allez. Mais il est tout aussi crucial de rester flexible et de vous adapter aux changements. La vie est imprévisible, et parfois les meilleures opportunités se présentent lorsque nous sommes ouverts à la nouveauté.

Cultivez l'apprentissage continu

Le monde évolue rapidement. Pour rester pertinent et engagé, il est vital de continuer à apprendre. Cela peut être dans votre domaine professionnel, ou simplement par curiosité. L'apprentissage continu est également une excellente manière de garder votre esprit vif.

Prenez du temps pour vous

La vie est trépidante, surtout lorsque nous jonglons entre le travail, la famille, les amis et nos autres responsabilités. Mais n'oubliez pas de prendre du temps pour vous. Que ce soit pour lire un livre, prendre un bain ou simplement méditer, ces moments de solitude sont cruciaux pour votre bien-être.

Rappelez-vous que la vie est une aventure

Il est facile de se laisser emporter par la routine, surtout à mesure que nous vieillissons. Mais rappelez-vous que la vie est une aventure. Chaque jour est une nouvelle opportunité de découvrir, d'apprendre et de grandir.

Pour conclure ce chapitre, rappelez-vous que vous êtes le maître de votre destin. La cinquantaine peut être une période de sérénité, de confiance et d'épanouissement. En vous préparant maintenant, vous posez les bases d'une décennie réussie et épanouissante.

CHAPITRE 20

CÉLÉBRER LA
QUARANTAINE.

Atteindre la quarantaine, c'est un peu comme arriver au sommet d'une montagne. Après des années d'ascension, de luttes, de victoires et d'épreuves, vous voilà, regardant autour de vous avec une perspective unique. À ce moment-là, nombre d'entre vous se demandent : «Qu'ai-je vraiment accompli ?» ou «Où vais-je maintenant ?». Mais avant de vous aventurer dans ces réflexions, arrêtez-vous un instant. Respirez profondément. Vous êtes ici, à ce moment précis de votre vie, et cela mérite d'être célébré. La beauté de la quarantaine réside dans sa complexité. Ce n'est pas seulement un âge, c'est une étape, un rite de passage. C'est le moment où vous regardez en arrière, mais aussi où vous projetez dans l'avenir. Certains l'ont appelée «la crise de la quarantaine», mais elle peut tout aussi bien être vue comme une «renaissance de la quarantaine». D'une part, la quarantaine évoque des souvenirs : les premiers pas dans la vie adulte, les choix de carrière, les amours passées, les rires partagés, et peut-être même les pleurs. Il y a une beauté mélancolique à se souvenir de tous ces moments. Pourtant, il serait injuste de considérer cette période comme un simple regard en arrière. C'est aussi l'occasion de rêver grand, de planifier l'avenir, et d'embrasser tous les possibles qui s'offrent à vous. Mais pourquoi célébrer cette étape ? Tout simplement parce qu'elle représente tout ce que vous avez traversé, tout ce que vous êtes et tout ce que vous pourriez devenir. C'est un moment d'auto-affirmation, de reconnaissance et, oui, de fierté. Vous avez navigué à travers les défis, vous avez appris de vos erreurs, et vous avez bâti un héritage, aussi modeste soit-il. La quarantaine, c'est le moment de reconnaître votre voyage, d'apprécier vos forces et d'embrasser votre histoire. Pensez à cette étape comme à un tableau. Au début, c'était une toile blanche, pleine de potentialités. Avec le temps, chaque choix, chaque émotion, chaque interaction a ajouté une touche de couleur. Aujourd'hui, vous pouvez admirer cette œuvre d'art en constante évolution, reflétant une vie riche et variée. Ce n'est peut-être pas parfait, mais c'est le vôtre. Et parlons des défis. Ils ont été nombreux, n'est-ce pas ? Des désillusions, des peurs, des doutes... Mais rappelez-vous ceci : sans ces défis, vous n'auriez pas pu grandir, apprendre et devenir la personne que vous êtes aujourd'hui. Chaque obstacle surmonté est une preuve de votre résilience, de votre courage et de votre persévérance. Et même si certains de ces défis demeurent, ils ne définissent pas qui vous êtes. Vous avez la capacité de les transformer en opportunités, en leçons et en moments de croissance.

Alors, comment célébrer cette étape ?

La première étape consiste à s'accorder du temps. Prenez une pause. Réfléchissez à ce que la quarantaine signifie pour vous. Quelles sont les choses qui comptent le plus à vos yeux aujourd'hui ? Quels sont vos rêves et vos aspirations pour l'avenir ? Ensuite, entourez-vous de ceux que vous aimez. Partagez avec eux vos réflexions, vos souvenirs et vos espoirs. Créez des moments spéciaux pour célébrer ensemble, que ce soit à travers un repas, une sortie ou simplement une conversation intime. Et enfin, célébrez-vous. C'est votre moment. Que vous choisissiez de le faire en silence, dans la méditation, ou de manière plus extravertie, l'important est de reconnaître la beauté et la richesse de cette étape. Faites quelque chose qui vous tient à cœur, quelque chose qui reflète qui vous êtes et ce que vous avez accompli. La quarantaine n'est pas une fin en soi, mais un passage, une transition vers de nouvelles aventures et de nouveaux horizons. Elle est l'occasion de redécouvrir qui vous êtes, de définir ce que vous voulez et de célébrer tout ce que vous avez vécu jusqu'à présent. Embrassez-la, chérissez-la, et surtout, célébrez-la. Après tout, chaque étape de la vie mérite sa propre ovation.

ISBN : 979-8854667128

Printed in France by Amazon
Brétigny-sur-Orge, FR

14013787R00065